9 783946 799009

Das Bodybuilding Kochbuch

Auflage 1
Umschlaggestaltung, Illustration: Alex Schneidmiller

Verlag: Alex Schneidmiller, Warendorf

ISBN Taschenbuch: 978-3-946799-00-9
ISBN e-Book: 978-3-946799-01-6

Weitere Werke von Alex Schneidmiller:

- **Bodybuilding Kochbuch 2.0 -** Neue Ausgabe mit 75 Rezepten
- **ALPHA TRANSFORM -** Muskeln – Power - Manneskraft
- **FITNESS FÜR FRAUEN -** Fett verbrennen, straffe Beine, flachen Bauch, sexy Optik und mehr Selbstbewusstsein in Rekordzeit
- **Fitness Shakes -** 100 Rezepte mit Protein, schnell und einfach

GESUND ERNÄHREN - GANZ EINFACH

1) Vielseitig ernähren

Eine vielseitige Ernährung garantiert eine optimale Nährstoffzufuhr. Wer einseitige Diäten fährt, riskiert durch Nährstoffmangel seine Gesundheit.

2) Ausreichend Getreide und Kartoffeln

Getreide und Kartoffeln enthalten wenig Fett, weisen aber eine hohe Nährstoffdichte auf, sowie pflanzliches Protein. Greift man auf Vollkornprodukte zurück, garantiert man eine ausreichende Versorgung an Ballaststoffen.

3) Obst und Gemüse verzehren

Die DGE (Deutsche Gesellschaft für Ernährung) empfiehlt 5 Portionen Obst und Gemüse zu verzehren (ca. 750 Gramm). Sie liefern dir eine breite Palette wichtiger Pflanzenstoffe, die dich und deinen Körper vor oxidativen Stress schützen, zudem bestehen sie zum Großteil aus Wasser, besitzen wenige Kalorien und füllen gut den Magen.

4) Achte auf deinen Fettkonsum

Fett macht nicht fett. Fett ist essentiell wichtig für den Vitaminstoffwechsel und Hormonproduktion. Wer zu viel gesättigte und tierische Fette konsumiert, erhöht das Risiko von Herz-Kreislauf-Erkrankungen immens.

5) Zucker und Salz - bitte sparsam

Salz ist ein wichtiger Bestandteil unserer Ernährung, doch leider wird der Konsum maßlos übertrieben. Gerade in Fertigessen steckt viel Salz, als Geschmacksverstärker. Zucker steckt beinahe in jedem verarbeiteten Lebensmittel. Der Blutzuckerpegel fährt Achterbahn und man riskiert eine Erkrankung an Diabetes.

6) Viel trinken ist wichtig

Eine ausreichende Wasserzufuhr ist die Grundlage jedes Lebens. Wasser, Tee und leichte Fruchtschorlen helfen beim Abnehmen. Mindestens 2 Liter sind Pflicht, sonst drohen ernsthafte gesundheitliche Schäden.

7) Gesunde Ernährung und Sport

Wer sich bewusst ernährt, sollte sich auch bewegen. Laufen ist die natürlichste Art, seinen Körper zu beanspruchen. Laufen stärkt das Immun- und Herzkreislaufsystem. Kraftsport macht Stressresistent und körperlich stark.

8) Achte auf schonende Zubereitung

Niemals zu stark erhitzen, da sonst starker Nährstoffverlust auftritt. Gemüse sollte bei leichter Stufe, mit etwas Wasser gedünstet werden. Obst eignet sich perfekt für den Rohverzehr und Fleisch bei mittlerer Stufe anbraten, mit wenig Fett.

9) Kleiner Tipp - Zeit nehmen fürs Essen

Ein häufiger Fehler, der auf einen stressigen Alltag beruht - wir nehmen unsere Nahrung zu schnell auf, lenken uns während dessen ab. Die Verdauung setzt später ein und man isst immer mehr als wirklich nötig.

NÄHRWERTE ANPASSEN

Mit nur kleinen Handgriffen, kannst du jedes Rezept perfekt auf dich anpassen!

Egal ob du mehr Kalorien benötigst oder nur geringfügig verzehren darfst, einfach die Mengenangaben der Zutaten halbieren oder verdoppeln und du erhältst die Mahlzeit in deiner Portionsgröße

Du benötigst mehr Energie in Form von Kohlenhydraten oder möchtest dich gerne Low-Carb ernähren? GERNE! Erhöhe oder reduziere die Menge folgender Lebensmittel:
Getreide, Müsli, Reis, Kartoffeln, Obst, Früchte, Honig, Süßspeisen

Mehr Protein? Kein Problem erhöhe lediglich die Menge folgender Lebensmittel:
Geflügel, Eier, Lachs, Tunfisch, Quark, körniger Frischkäse, Käse, Hülsenfrüchte, Rindfleisch, Sojaprodukte, Whey/ Eiweißpulver

!!! Nährstoffe aktualisieren !!!

Da wir Veränderungen an den Rezepten vornehmen, müssen wir unsere Nährstoffe aktualisieren. Das ist einfachste Mathematik...
Ich empfehle dir mit einer Kalorienzähler-App zu arbeiten, wie Fat-Secret, MyFitnessPal, etc..
Du gibst lediglich das Lebensmittel ein, welches du bearbeitest, mit entsprechender Menge natürlich. Die angezeigten Nährwerte addierst oder subtrahierst du nun von denen im Rezept.

Inhaltsverzeichnis

Mixer Rezepte

Low Calorie Meals

Hauptmahlzeiten

Desserts

MIXER REZEPTE 1

Masseshake mit 1000 Kalorien

Zutaten:
-150gr Haferflocken -400ml Milch (gerne Hafer-, Reis- oder Sojamilch) -250gr Joghurt 0,1% Fett -1 EL Erdnussbutter -1 EL Honig -15gr dunkle Schokolade (ab 70%) -30gr Eiweißpulver -2 reife Bananen -Hand voll gefrorene Beeren -Priese Zimt und Pfeffer

Zubereitung:
Alle Zutaten in den Mixer, bis auf die Schokolade. Die Schokolade wird am Ende kurz durchgehackt, damit wir beim Trinken leckere Stückchen erhalten.

1 min | 1020 KALORIEN | 62 PROTEIN | 140 KOHLENH. | 27 FETT

Low-Carb-Shake mit Kaffee

Zutaten:
-250gr Magerquark -50ml Mineralwasser -1 bis 2 Esspresso -Süßstoff nach Belieben -1/2 sehr reife Banane -Zimt oder Vanillearoma

Zubereitung:
Alle Zutaten bis auf Süßstoff und Zimt/ Vanillearoma mixen. Nach Belieben die anderen Zutaten hinzugeben.

1 min | 200 KALORIEN | 31 PROTEIN | 18 KOHLENH. | 1 FETT

Der Schokoladentraum

Zutaten:

-2 EL Backkakao -Spritzer Süßstoff -3 EL Vanilleeis -250gr Magerquark -Schuss Mineralwasser -10gr Erdnüsse -10gr Honig oder Karamell -10gr Schokolade

Zubereitung:

Alle Zutaten mixen, bis auf Erdnüsse und Schokolade. Diese mixen wir am Ende für eine Sekunde durch, um leckere Stückchen zu erhalten.

1 min | 490 KALORIEN | 37 PROTEIN | 50 KOHLENH. | 18 FETT

MIXER REZEPTE 3

Die Vitaminbombe

Zutaten:
-45gr Eiweißpulver (Frucht- oder Vanillegeschmack) -250ml Wasser -1 Apfel -1 Banane -100ml Möhrensaft -200gr Spinat -200gr Beerenmix -15gr Mandeln

Zubereitung:
Alle Zutaten miteinander mixen und Vitamine tanken :-)

1 min	617 KALORIEN	43 PROTEIN	76 KOHLENH.	13 FETT

Erdbeer-Joghurt-Shake

Zutaten:
-500gr Joghurt 0,1% -200gr Erdbeeren -1 EL Honig -Vanilleextrakt oder 15gr Vanille Whey -50ml Mineralwasser -10gr Mandeln -optional Zimt

Zubereitung:
Alle Zutaten miteinander vermischen, Vanilleextrakt nach Belieben beifügen. Was gut dazu passt sind Kokosflocken.

1 min	424 KALORIEN	31 PROTEIN	63 KOHLENH.	7 FETT
Mit Whey:	***+ 62 Kcal***	***+12***	***+1***	***+1***

Vegane Protein Shake

Zutaten:
-500gr Soja Joghurt -200gr reife Nektarinen, Aprikosen oder Pflaumen -10gr Kokosflocken -2 EL Vanilleeis (Kaufland/ Netto) -Zimt

Zubereitung:
Super simpel, wie gehabt alle Zutaten miteinander mixen und nach Belieben mit Zimt abschmecken.

1 min | 603 KALORIEN | 30 PROTEIN | 48 KOHLENH. | 30 FETT

MIXER REZEPTE 5

Protein Shake Grundbasis

Zutaten:

-250gr Magerquark -Schuss Mineralwasser -Spritzer Süßstoff

Optionen:

Als Masseshake kannst du sehr gut Haferflocken und Trockenfrüchte verwenden. Erdnussbutter oder generell Nüsse liefern ordentlich Kalorien, jedoch sollte man wegen des hohen Fettgehalts nicht mehr als 30gr verwenden.

Um deinem Shake eine bestimmte Geschmacksrichtung zu verpassen, verwendest du Obst und Früchte. Du kannst nur eine Sorte Obst verwenden oder kombinieren (Kirsche-Banane, Birne-Apfel, etc.).

Leckere Toppings oder Ergänzungen sind Kokosflocken, Kakaosplitter, klein gehackte Schokoladentafel, Vanilleeis, Chia-Samen und Zimt. Du kannst auch Proteinriegel klein hacken und herein geben.

Zubereitung:

Die Grundzutaten hinein geben, deine Lieblingszutaten hinein geben und bei Bedarf nachsüßen mit Stevia/ Süßstoff. Ich empfehle dir Schokoladentafeln, Riegel, Nüsse und andere Zutaten, mit härterer Konsistenz, am Ende für einen kurzen Moment zu mixen, damit feste Stückchen im Shake für ein extra Geschmackserlebnis sorgen.

JETZT BIST DU AN DER REIHE! LEG GLEICH LOS!

1 min	170 KALORIEN	31 PROTEIN	10 KOHLENH.	1 FETT

Low Calorie Meals 6

Low Calorie Meals - wie der Name verrät, sind es Mahlzeiten welche eine kleine Menge Kalorien liefern, jedoch trotzdem super schmecken und gesund sind.

Diese Mahlzeiten sind ideal für Diäten und den kleinen Hunger für Zwischendurch.

Hast du nur noch wenige Kalorien zu verzehren bist du hier genau richtig ☺

Zucchini Pancakes

Zutaten:
-50gr Vollkornmehl -1/2 Packung Backpulver -1 Ei -1 Eiklar -1 Zucchini -1 Zwiebel -Prise Salz/ Pfeffer

Zubereitung:
Die Zwiebel in kleine Würfel schneiden und Zucchini raspeln. Gemüse und alle weiteren Zutaten zu einem Teig vermengen und 10 Minuten ziehen lassen. Nun braten wir kleine Pfannkuchen auf mittlerer Herdstufe.

Tipp: Küchenpapier leicht in Öl tränken und vor jedem Pfannkuchen über die Pfanne streichen, somit verhinderst du das anhaften des Teiges.

15 min	316 KALORIEN	22 PROTEIN	38 KOHLENH.	7 FETT

Schicht Joghurt

Zutaten:
-250gr Joghurt 0,1% -Spritzer Süßstoff -50gr Müsli deiner Wahl -200gr Obst

Zubereitung:
Joghurt und Süßstoff vermengen. Dann Joghurt und Müsli schichtweise in ein Glas geben. Das Obst kannst du vorher pürieren und mit dem Joghurt vermengen oder in kleine Stücke schneiden und oben auf das platzieren. Du kannst super Chia-Samen oder dazu verwenden, um den Nährstoffgehalt dieser Mahlzeit zu erhöhen.

3 min | 475 KALORIEN | 18 PROTEIN | 87 KOHLENH. | 3 FETT

Würzige Harzer Käse Chips mit Dipp - 80gr Protein

Zutaten:

-200gr Harzer Käse -Salz/ Pfeffer -Grillgewürz -150gr Quark -2TL Sambal Oelek

Zubereitung:

Ofen auf 250°C vorheizen. Den Harzer Käse in dünne Scheiben schneiden und auf einem Backblech auslegen. Nun würzen wir die Scheiben kräftig. Ihr könnt auch gerne andere Gewürze verwenden. Der Käse bleibt 10-15 Minuten im Ofen. Während dessen mischen wir den Samal Oelek mit dem Quark. Den Käse raus nehmen, kühlen lassen und in Stücke brechen.

15 min | 310 KALORIEN | 80 PROTEIN | 6 KOHLENH. | 1 FETT

Protein Eis

Zutaten:

-60gr Whey -300ml Wasser

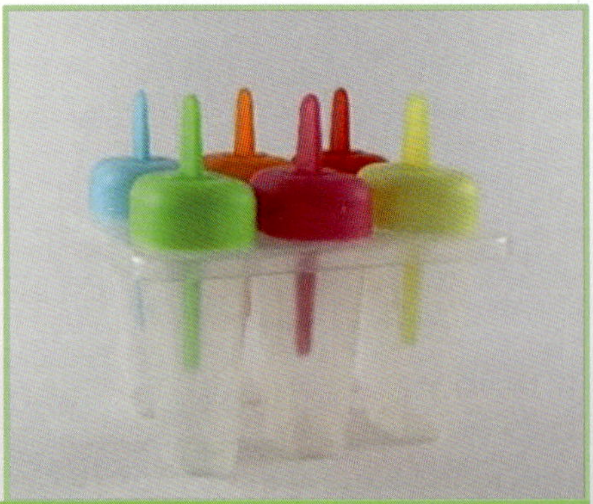

Zubereitung:

Zutaten mixen und in geeignete Eisform geben. Für 3 Stunden in das Gefrierfach legen. Auch Aminos oder Booster als Eis - genial ☺

3 h | 225 KALORIEN | 23 PROTEIN | 1 KOHLENH. | 1 FETT

Low Calorie Meals 9

Mehrkornwrap mit Hähnchen und Guacamole

Zutaten:

-1 Mehrkornwrap (bei ALDI zu kaufen) -100gr Hähnchenbrustfilet -etwas Salat, Gurke, Tomaten -50ml Joghurt 0,1% -1/4 Avocado -1/4 Zitrone -nach Bedarf Knoblauch -Salz/ Pfeffer -Chillipulver

Zubereitung:

Pfanne mit etwas Öl einstreichen und das Hähnchenbrustfilet auf mittlerer Stufe anbraten und nach Bedarf würzen.

Avocado Fruchtfleisch in einer Schüssel zerdrücken. Joghurt, Zitronensaft und Knoblauch hinzugeben. Mit Salz und Pfeffer abschmecken.

Salat und Gemüse waschen und in kleine Stücke schneiden.

Den Mehrkornwrap für 30 Sekunden bei 750 Watt in die Mikrowelle legen.

Die Guacamole streichen wir auf den Wrap und belegen es mit den anderen Zutaten.

Einrollen und genießen!

15 min | 417 KALORIEN | 33 PROTEIN | 41 KOHLENH. | 13 FETT

Low Carb Wraps für eigene Kreationen

Zutaten:
-20gr Vollkornmehl -25ml Wasser -50ml Milch 1,5% -2 Eier -2 Eiklar

Zubereitung:
Alle Zutaten miteinander vermengen und mit etwas Salz abschmecken. Küchentuch mit etwas Öl anfeuchten und die Pfanne beschmieren. Halbe Teigmischung in die Pfanne geben und den Teig schön gleichmäßig herumschwenken. Etwa 4 Minuten backen, anschließend wenden. Andere Seite maximal 2 Minuten backen. Dasselbe Prinzip mit der anderen Hälfte anwenden.

Tipp: Verwende einen Deckel. Es hat den Vorteil, dass durch die geschlossene Hitzezirkulation, die andere Seite vom Pfannkuchen mit backt und man einfacher wenden kann, zudem verkürzt es die Backzeit der anderen Seite.

Optional:
Nun habt ihr freie Auswahl, zum kreieren eurer Wraps. Ihr könnt light Frischkäse als Grundlage für eine Creme verwenden und diese mit Kräutern eurer Wahl verfeinern.

Als Beilage eignet sich Lachs, Rührei, Bohnen, Hühnchenbrust oder etwas Käse. Salat darf natürlich auch nicht fehlen.

15 min | 310 KALORIEN | 30 PROTEIN | 6 KOHLENH. | 1 FETT

Chiapudding mit Erdnuss- Mango Topping

Zutaten:
-30gr Chia Samen -100ml Mandelmilch -1/2 Mango -1 Banane -1EL Erdnussmus -100ml Joghurt 0,1%

Zubereitung:
Wir lassen die Chia Samen über Nacht in Mandelmilch, vermischt mit dem Erdnussmus ziehen. Die Samen haben Zeit aufzuquellen. Die Mango, Banane und den Joghurt mixen wir kurz durch und gießen ihn über den Pudding. Mit Zimt oder Kokosflocken verzieren und genießen.

Tipp: Chia Samen sind ein wahres Superfood. Sie besitzen 21% Protein, 30% Ballaststoffe und liefern eine Menge gesunde Omega 3 Fettsäuren. Zusätzlich liefern diese Wunder Samen ein riesen Paket an Vitaminen und Mineralien.

5 min | 376 KALORIEN | 15 PROTEIN | 46 KOHLENH. | 12 FETT

Putenhackbällchen - die gesunde Frikadelle

Zutaten:

-250gr Putenhack (LIDL) -20gr Streukäse Light -1/2 Paprika -1 Ei 1 Eiklar -1 Zwiebel -1 Knoblauchzehe -Basilikum -Salz und Pfeffer

Zubereitung:

Backofen auf 180° C vorheizen und alle Zutaten zu einer Masse verrühren. Kleine Bällchen formen und auf dem Backblech auslegen. Je kleiner die Bällchen, desto weniger benötigen sie im Ofen. Die Bällchen für 30 - 40 Minuten im Ofen lassen. Bon Appetit ☺

40 min	250 KALORIEN	24 PROTEIN	11 KOHLENH.	13 FETT

Low Calorie Meals 13

Potatoe Wedges mit Kräuterquark

Zutaten:

-300gr Kartoffeln -2TL Olivenöl -100gr Magerquark -100 Joghurt 0,1%
-Curry -Pfeffer -Salz -Oregano bzw. Kräuter nach Belieben

Zubereitung:

Backofen auf 180° C vorheizen. Kartoffeln gut waschen und in Spalten schneiden. Kartoffeln, Öl, Curry und andere Gewürze in eine Gefriertüte geben, Öffnung zu halten und schütteln, damit sich der Inhalt ordentlich verteilt. Inhalt auf Backblech verteilen und für 20-30 Minuten goldbraun backen.

Für den Kräuterquark mischen wir die restlichen Zutaten zusammen und schmecken mit Kräutern, Salz und Pfeffer ab.

30 min | 430 KALORIEN | 23 PROTEIN | 57 KOHLENH. | 10 FETT

Kartoffelsalat

Zutaten:

-500gr Kartoffeln -5 Cornichons Gewürzgurken -1/2 Bund Schnittlauch -100gr Miracle Whip Balance (10%) -3 gekochte Eier -2EL Reismilch -1 rote Zwiebel -2TL Senf -Salz & Pfeffer -Kümmel

Zubereitung:

Einen Topf mit Wasser zum Kochen bringen. Die Kartoffeln waschen und in den Topf geben. Zusammen mit etwas Kümmel, für ca. 15 Minuten kochen. Nebenbei Miracle Whip, Reismilch und Senf zu einer Creme verrühren. Ein ganzes Ei und von den beiden anderen Eiern nur das Eiweiß, schneiden wir zusammen mit dem Schnittlauch, der Zwiebel und den Gewürzgurken klein und geben es zu der Creme.

Die fertig gekochten Kartoffeln in Scheiben schneiden, dazugeben und mit Salz und Pfeffer abschmecken.

40 min | 250 KALORIEN | 24 PROTEIN | 11 KOHLENH. | 13 FETT

Nudelsalat mit Putenbrust

Zutaten:
-125gr Nudeln -75gr Putenbrust -50gr Cocktailtomaten -25gr Erbsen -10gr Parmesan -1/2 rote Zwiebel -1/2 Knoblauchzehe -Salz & Pfeffer -frische Kräuter oder getrocknete zum streuen

Zubereitung:
Wasser aufsetzen für die Nudeln und anfangen die Zwiebel und den Knoblauch in feine Würfel zu schneiden. Nudeln kochen je nach Sorte. Pfanne mit Öl bestreichen und das Fleisch anbraten. Zwiebel und Knoblauch dazu geben. Nach einer Minute die Erbsen dazu geben und bei geringer Hitze schmoren.

Anschließend die Nudeln dazu geben und mit Salz, Pfeffer und den Kräutern abschmecken. Nun servieren wir alles zusammen mit Tomaten und Parmesan in einer Schüssel.

Optional:
-Gurke
-getr. Tomaten
-Pinienkerne
-Radieschen
-Mais
-diverser Salat
...

20 min | 670 KALORIEN | 37 PROTEIN | 104 KOHLENH. | 10 FETT

Tunfischsalat - simpel und lecker

Zutaten:
-150gr Tunfisch -2 Tomaten -1/2 rote Zwiebel -etwas Salat -1EL Öl -Salz & Pfeffer -Kräutergewürz

Zubereitung:
Alle Zutaten miteinander verrühren und mit Öl, Salz, Pfeffer und Kräuter verfeinern.

Tipp: Tunfisch enthält auf 100 Gramm 23 Gramm Eiweiß. Dieses Eiweiß besitzt eine hohe biologische Wertigkeit von 92 Prozent, also wandert das Filestück vor dir fast vollständig in deine Muskulatur. Zudem enthält Tunfisch essentiell wichtige Omega 3 Fettsäuren für unser Herz und Gehirn.

1 min | 300 KALORIEN | 29 PROTEIN | 13 KOHLENH. | 14 FETT

Hauptmahlzeiten

Was eine gute Hauptmahlzeit auszeichnet:

- viele natürliche Lebensmittel bilden ein Nährstoffkomplex

- die Makronährstoffe sind optimal verteilt

- eine Portion wirkt stark sättigend

- die Mahlzeiten sind perfekt, 3 Std vor dem Training, nach dem Training oder am Morgen zu platzieren. Am Abend solltest du weniger konsumieren. Ausnahme ist, wenn Abendmahlzeit = Mahlzeit nach dem Training, da der Körper nach dem Training, am besten Nährstoffe verwertet

- eine perfekte Mahlzeit vor oder nach dem Training sollte wenig Fett beinhalten, da es die Verdauung verlangsamt

- natürlich sollte eine große Portion Eiweiß nicht fehlen

- reichlich Kohlenhydrate garantieren eine gute Energiebereitschaft

Hier findest du:

- ideale Mahlzeiten für Muskelaufbau und Fettabbau

- Pizza, Burger und Pommes - aber GESUND!!!

- süße Hauptspeisen

- selbst vegane Gerichte

Hähnchen mit Bratkartoffeln

Zutaten:

-200gr Hähnchen -250gr Kartoffeln -1 Paprika -1 Karotte -1/2 Bund Lauchzwiebel -2TL Olivenöl -Bratkartoffelgewürz -Paprikapulver edelsüß -Knoblauchpulver -Salz & Pfeffer

Zubereitung:

Kartoffeln waschen und in kleine Stücke schneiden. Diese geben wir in kochendes Wasser für etwa 15 Minuten. Das Gemüse schneiden wir in feine Streifen. Das Fleisch wird mit Olivenöl und den Gewürzen mariniert und in einer Pfanne angebraten. Nun würzen wir die Kartoffelstücke und kippen sie, zusammen mit dem Gemüse in die Pfanne. Alle Zutaten auf leichter - mittlerer Hitze garen und servieren.

20 min | 570 KALORIEN | 50 PROTEIN | 64 KOHLENH. | 7 FETT

Hauptmahlzeiten 19

Chia Schoko Oatmeal

Zutaten:

-100gr Haferflocken -1 Banane -30gr Chia Samen -200ml Schokdrink (Soja-, Reismilch oder Kuhmilch) -200ml Hafermilch -250gr Obst oder Beeren -10gr Kokosflocken

Zubereitung:

Wir zerdrücken die Banane mit einer Gabel und geben sie zusammen mit den Haferflocken in einen Topf. Dazu geben wir den Schokodrink, sowie die Hafermilch und erhitzen alles auf mittlerer Stufe. Immer wieder umrühren bis eine breiartige Konsistenz entsteht.

Nun dekorieren wir das Oatmeal nach Bedarf mit Obst und den Kokosflocken.

15 min | 770 KALORIEN | 25 PROTEIN | 137 KOHLENH. | 14 FETT

Gemüse Omelett mit Schinken

Zutaten:
-4 Eiklar -2 Eier -1 Zwiebel -200gr Brokkoli -100gr Karotten -100gr Putenschinken oder Kochschinken -40gr Streukäse light -Salz & Pfeffer

Zubereitung:
Gemüse waschen und klein schneiden. Die Zwiebel in einer Pfanne glasig kochen und restliches Gemüse dazugeben. Eier miteinander verquirlen, den Streukäse und Schinken unterrühren. Mit Salz und Pfeffer würzen und zu dem Gemüse in die Pfanne geben.

Auf mittlerer Hitze wenige Minuten aufkochen und mit einem Pfannenwender drehen, damit das Omelette von beiden Seiten angebraten wir.

15 min | 410 KALORIEN | 50 PROTEIN | 6 KOHLENH. | 20 FETT

Hauptmahlzeiten 21

Vollkornspaghetti mit Lachs - italienische Art

Zutaten:

-120gr Vollkornspaghetti -200gr (Wild-)Lachsfilet -50gr Cocktailtomaten -Rucola nach Bedarf -Etwas Parmesan -Salz & Pfeffer

Zubereitung:

Spaghetti nach Packungsbeilage kochen. Den Lachs in eine Pfanne geben, welche mit Öl beschmiert wurde. Auf mittlerer Stufe auf beiden Seiten ca. 4 Minuten anbraten. Mit Salz und Pfeffer würzen. Nudeln in die Pfanne geben und mit Parmesan bestreuen.

Alles gut miteinander vermengen und mit Tomaten und Rucola auf einem Teller servieren.

20 min | 585 KALORIEN | 55 PROTEIN | 80 KOHLENH. | 5 FETT

Kartoffelrösti

Zutaten:

-600gr Kartoffeln -300gr Tomate -1 rote Zwiebel -Paprikagewürz -Kräutergewürz -Salz & Pfeffer

Zubereitung:

Die gekochten Kartoffeln werden in feine Streifen geraspelt. Die Zwiebel und Tomaten schneiden wir klein und erhitzen sie auf mittlerer Stufe für wenige Minuten. Anschließend werfen wir die geraspelten Kartoffeln hinzu und formen alles zu einem Rösti. Etwas anbraten lassen und servieren. Guten Appetit.

Vegan

15 min | 552 KALORIEN | 19 PROTEIN | 100 KOHLENH. | 2 FETT

Vegane Lasagne Bombe

Zutaten:

-150gr Soja Geschnetzeltes -200gr Lasagne Blätter -1 Zucchini -1 rote Zwiebel -1 Knoblauchzehe -400ml passierte Tomaten -3EL Tomatenmark -1EL Mandelmuss -2 Paprika -Gewürze nach Bedarf

Zubereitung:

Soja Geschnetzeltes nach Packungsvorgabe vorbereiten. Der Ofen wird auf 200° C vorgeheizt. Das Gemüse schneiden wir klein und kippen die Zwiebel, zusammen mit dem Geschnetzelten in eine Pfanne. Das Soja und die Zwiebel werden mit dem Tomatenmark und den passierten Tomaten verkocht. Nun geben wir das Gemüse dazu und kochen alles auf mittlerer Temperatur weiter. Parallel dazu mischen wir etwas Wasser mit Mandelmuss. Nun belegen wir schichtweise eine Auflaufform, mit den Lasagne Blättern und dem Pfanneninhalt. Oben drauf verteilen wir das verdünnte Mandelmuss und werfen die Lasagne für 20-30 min in den Ofen.

20 min | 1460 KALORIEN | 111 PROTEIN | 209 KOHLENH. | 20 FETT

Protein Müsli Basis Rezept

Zutaten:

-120gr Haferflocken -10gr Leinsamen -10gr Chia Samen -250ml vegane Milch -30gr veganes Protein (Reis-, Erbsenprotein) -Zimt -200gr Obst

Zubereitung:

Alle Zutaten miteinander in eine Schüssel geben und verrühren. Gewünschtes Obst in Stücke schneiden oder Beeren hinzugeben. Kreiere dein Schokomüsli mit einem Schoko Protein oder lege eine Vanille Grundbasis mit einem Vanille Protein. Du kannst jedes Mal neue Obstsorten verwenden, so bleibt das Müsli immer ein neues Erlebnis.

Vegan

2 min | 605 KALORIEN | 42 PROTEIN | 80 KOHLENH. | 13 FETT

Protein Flammkuchen - wenig Fett

Zutaten:

-20gr Dinkelmehl -2 Eiklar -125gr Magerquark -100gr Putenaufschnitt -100gr körniger Frischkäse -50gr Mais -1 rote Zwiebel -75gr Bohnen

Zubereitung:

Das Eiklar steif schlagen und mit dem Mehl, Quark und etwas Salz unterrühren. Den Teig auf Backblech auslegen und bei 200° C für ca. 10 Minuten backen. Raus nehmen und mit restlichen Zutaten belegen, würzen und noch einmal für 10- 15 Minuten in den Ofen.

40 min | 402 KALORIEN | 60 PROTEIN | 30 KOHLENH. | 3 FETT

Hauptmahlzeiten 26

Masse Mikrowellenkuchen

Zutaten:
-100gr Haferflocken -1/2 Pkg Backpulver -1 Ei -2 Eiklar -20gr Chia Samen -30gr Cranberries -10gr geraspelte Mandeln -350ml vegane Milch -10gr Backkakao -Spritzer Süßstoff -Zimt

Zubereitung:
Alle Zutaten in einem mikrowellengeeigneten Geschirr vermengen und bei 800 Watt für 8:30 Minuten in die Mikrowelle stellen. Den Kuchen auf einem Teller auskippen, anschneiden und mit Zimt oder etwas Kokosflocken bestreuen.

10 min | 800 KALORIEN | 40 PROTEIN | 85 KOHLENH. | 30 FETT

Würzige Tomaten Hirtenkäse Pfanne

Zutaten:
-100gr Hirtenkäse light -3 Tomaten -1 Zucchini -100gr Vollkornnudeln -1 rote Zwiebel -Paprikagewürz -Salz & Pfeffer

Zubereitung:
Das Gemüse waschen und mit dem Hirtenkäse in kleine Würfel schneiden. Wir geben die Tomaten und die Zwiebel in eine mit Öl beschichtete Pfanne und kochen sie auf mittlerer Temperatur auf. Parallel dazu kochen wir die Nudeln nach Packungsvorgabe. Nun kippen wir die Zucchini und den Hirtenkäse dazu und lassen es zu einer cremigen Sauce kochen. Nun würzen wir nach Bedarf und legen die abgetropften Nudeln mit in die Pfanne. Am besten legen wir einen Deckel auf die Pfanne und lassen es bei geringer Temperatur köcheln. Auf einem Teller servieren und genießen ☺

15 min | 632 KALORIEN | 43 PROTEIN | 75 KOHLENH. | 16 FETT

Eiweißbrötchen

Zutaten:

-250gr Dinkelmehl -250gr Magerquark -Salz -1Pkg Backpulver -1 Ei -Körner, Samen Nüsse nach Bedarf

Zubereitung:

Alle Zutaten zu einem Teig kneten und Brötchen formen. Diese legen wir auf einem Backblech aus und bestreichen diese mit Wasser. Nun bestreuen wir die Brötchen beliebig mit Körner, Samen oder Nüssen. Bei 180° C für 20 Minuten in den Ofen (Ober- und Unterhitze). Belege die Brötchen ganz nach deinem Geschmack.

25 min | 1099 KALORIEN | 73 PROTEIN | 171 KOHLENH. | 13 FETT

Protein Bombe Chili sin Carne

Zutaten:
-125gr Sojageschnetzeltes -1 Dose Kidneybohnen -300-400ml passierte Tomaten -kleine Dose Mais -1 Zwiebel -1 bis 2 Chili Schoten -Salz & Pfeffer -optional andere Hülsenfrüchte, Nudeln oder Reis

Zubereitung:
Sojageschnetzeltes nach Packungsvorgabe zubereiten. Die Zwiebel klein schneiden und in der Pfanne andünsten. Sojageschnetzeltes und passierte Tomaten dazu gebe n. Bohnen und Mais abtropfen und in die Pfanne geben. Auf leichter Stufe 10 Minuten köcheln lassen und die gehackte Chilis dazu geben. Letztlich würzen und abschmecken. Als Beilage passen perfekt Nudeln oder Reis.

Gefüllte Paprika

Zutaten:
-200gr Light Hackfleisch -2 mittelgroße Paprika -75gr Schafkäse light -75gr halbgetrocknete Tomaten -1 Zwiebel -1/2 Zucchini -Salz & Pfeffer

Zubereitung:
Den Backofen auf 160° C vorheizen. Wir schneiden bei der Paprika einen Deckel auf oder halbieren sie. Das Hackfleisch und das den Schafkäse mischen wir miteinander. Nun schneiden wir das restliche Gemüse klein und geben es der Masse hinzu. Kräftig würzen und die Paprika befüllen. Ideal wäre es etwas Schafkäse oben drüber zu streuen. Wir befüllen eine große Schüssel mit etwas Wasser und setzen die Paprika hinein. Schüssel für 25-30 Minuten im Backofen lassen.

30 min | 667 KALORIEN | 64 PROTEIN | 32 KOHLENH. | 29 FETT

Garnelen mit Eierreis

Zutaten:

-1 Ei -2 Eiklar -150gr Garnelen -1/2 kleine Dose Erbsen -100gr Paprika -1 EL Chili Öl -100gr Reis -1 rote Zwiebel -Salz & Pfeffer -Curry

Zubereitung:

Den Reis nach Packungsbeilage kochen und beiseite stellen. Wir erhitzen das Chili Öl in der Pfanne und braten die Garnelen zusammen mit der Zwiebel für 5 min scharf an. Mittlere Stufe einstellen, klein geschnittene Paprika und die Erbsen andünsten. Dazu geben wir nun den Reis und vermischen alles zusammen. Nun fügen wir die Eier hinzu und lassen es bei vorsichtigem umrühren einkochen. Würzen nach Belieben und genießen.

20 min | 837 KALORIEN | 57 PROTEIN | 93 KOHLENH. | 24 FETT

Hauptmahlzeiten 32

Kurkuma Penne Hähnchen

Zutaten:

-125gr Vollkornpenne -200gr Pute/ Hähnchen -1TL Curry -1TL Kurkuma -100ml Milch -Salz & Pfeffer

Zubereitung:

Die Penne nach Packungsbeilage kochen. Das Geflügel in kleine Stücke schneiden und bei mittlerer Temperatur in der Pfanne anbraten. Kurz bevor das Geflügel durch ist, würzen wir es mit Salz und Pfeffer. Wir geben die Milch hinein und würzen das Ganze mit Curry und Kurkuma. Bei kleiner Hitze für 5 Minuten köcheln lassen und mit den Nudeln servieren.

Tipp: Kurkuma ist ein indisches Knollengewächs und gilt als stärkstes Krebsmittel der Natur. Zudem hilft es bei Alzheimer und bei Darmerkrankungen.

10 min | **690** KALORIEN | **63** PROTEIN | **88** KOHLENH. | **7** FETT

Tunfisch- Spinat Burger

Zutaten:
-1/2 Dose Eigensaft -100gr Spinat -5 Eiklar -1 rote Zwiebel -Toastbrötchen

Zubereitung:
Alle Zutaten miteinander vermischen und nach Belieben würzen.
Pfanne mit Fett bestreichen und bei mittlerer Stufe die Pattys braten.

Ideal dazu sind Toastbrötchen und etwas Salsa oder Ketchup.

10 min | 478 KALORIEN | 50 PROTEIN | 63 KOHLENH. | 3 FETT

Monster Protein Spätzle Pfanne

Zutaten:

-250gr Spätzle -1 rote Zwiebel -1 Limette -250gr Magerquark -1 Paprika -1/2 Stange Lauchzwiebel -Harzer Käse -Knoblauchzehe -200gr Light Hackfleisch -Salz & Pfeffer -Petersilie -Chillisauce -Paprikagewürz

Zubereitung:

Spätzle ins kochende Wasser geben. Parallel dazu das Gemüse klein schneiden. Das Gemüse geben wir in die heiße Pfanne und pressen die Knoblauchzehe darüber aus. Nach wenigen Minuten geben wir das Hackfleisch dazu und braten es auf höchster Stufe scharf an. Wenn das Fleisch durch ist, geben wir die Spätzle dazu und würzen alles kräftig. Die Masse pressen wir fest als Fladen in die Pfanne, so dass ein leichtes Röstaroma entsteht. Nun setzen wir die Pfanne vom Herd und reiben etwas Harzer Käse darüber. Abschließend den Magerquark unterrühren und genießen.

15 min | 885 KALORIEN | 86 PROTEIN | 76 KOHLENH. | 25 FETT

Süßkartoffel mit Spiegelei und Gemüse

Zutaten:

-1 große Süßkartoffel -2 Eier -3 Eiklar -250gr Gemüse (Zucchini, Parpika) -1EL Olivenöl -Salz & Pfeffer

Zubereitung:

Den Backofen auf 180° C vorheizen. Die Süßkartoffel und das Gemüse in kleine Stücke schneiden und in eine Gefriertüte geben. Olivenöl und Gewürze nach Bedarf nachschütten. Tüte schließen und schütteln, damit sich die Gewürze verteilen. Ab auf das Backblech und für 15-20 Minuten backen. 5 Minuten bevor das Ofengemüse fertig ist braten wir uns ein großes Spiegelei. Würzen nicht vergessen und servieren.

Tipp: Die Süßkartoffel wurde zum gesündesten Gemüse gewählt - zu Recht! Sie enthalten einen dicken Batzen an Vitaminen und Vitalstoffen, sind vielseitig einsetzbar und schmecken einfach gut.

25 min | 686 KALORIEN | 36 PROTEIN | 83 KOHLENH. | 24 FETT

Desserts 36

Wie bitte? Was haben Desserts in der fitten Küche verloren? Hier stelle ich dir endlich den interessantesten Teil des Kochbuchs vor. Fitness Desserts mit viel Protein, wenig Fett und einfach perfekt für jeden Sportler. Sportlich unterwegs sein und naschen, muss nicht im Widerspruch stehen. Es ist so einfach und lecker Muffins, Kuchen, Kekse, Pancakes oder ähnliches zu zaubern, welche dich sogar in deiner Diät unterstützen.

Die größten Probleme einer Diät kommen dann zum Vorschein, wenn der geliebte Heißhunger auf Süßes oder Schokolade kommt.

Nun stelle ich euch eine Vielzahl an gesunden Leckereien vor, welche Tag für Tag mein Leben versüßen und mich mit Leichtigkeit durch jede Diät begleiten.

360 Tage im Jahr einen Sixpack besitzen und trotzdem naschen?

Kein Problem mit den leckeren Fitness Desserts!

Superschneller Tassenkuchen

Zutaten:
-1 Ei -100gr körniger Frischkäse oder Joghurt -25gr Vollkornmehl -30gr Eiweißpulver -1 TL Backpulver -etwas Süßstoff

Zubereitung:
Alle Zutaten ordentlich miteinander vermischen und für 2 Minuten bei 750 Watt in die Mikrowelle geben.

5 min | 344 KALORIEN | 46 PROTEIN | 18 KOHLENH. | 9 FETT

Protein Waffeln

Zutaten:
-2 Eier -35gr Vollkornmehl
-25gr Eiweißpulver
-1 TL Backpulver -1/2 Banane
-etwas Süßstoff

Zubereitung:
Alle Zutaten in den Mixer. Teigmasse im Waffeleisen braten.

5 min | 445 KALORIEN | 39 PROTEIN | 35 KOHLENH. | 16 FETT

Schoko Muffins

Zutaten:

-50gr Haferflocken -1 Ei
-1 EL Honig -75ml Milch -30gr Eiweißpulver -1/2TL Backpulver
-20gr dunkle Schokolade

Zubereitung:

Alle Zutaten in den Mixer.
Teigmasse in Muffin Formen für 12 Minuten bei 180° C in den Ofen.

15 min | 545 KALORIEN | 42 PROTEIN | 44 KOHLENH. | 21 FETT

Protein Erdnuss Cookies

Zutaten:

-2 Eiklar -35gr Vollkornmehl
-25gr Eiweißpulver -etwas Salz
-30gr Erdnussbutter -etwas Süßstoff
-25ml Milch -15gr Schokodrops

Zubereitung:

Alle Zutaten in den Mixer.
Teigmasse in Kleksen auf Backblech legen und für 10 Minuten bei 180°C in den Ofen.

12 min | 552 KALORIEN | 46 PROTEIN | 33 KOHLENH. | 24 FETT

Protein Energie Riegel

Zutaten:

1. Schüssel:

-75gr Haferflocken -25gr Eiweißpulver -15gr Nüsse gehackt -20gr Trockenfrüchte

2. Schüssel:

-1EL Erdnussmuss/-butter -1EL Honig -25ml Milch

Zubereitung:

Die Schüssel mit dem Erdnussmuss, dem Honig und der Milch stellen wir für 10 Sekunden in die Mikrowelle, damit eine flüssige Konsistenz entsteht. Nun kippen wir die Flüssigkeit zu unserer 1. Schüssel und vermengen alles schön miteinander. Wir legen die Masse auf einen Teller aus und schneiden es in geeignete Riegelstücke. Den Teller legen wir für 40 Minuten in den Kühlschrank. Guten Appetit

15 min | 545 KALORIEN | 42 PROTEIN | 44 KOHLENH. | 21 FETT

Die Muskelmilchschnitte

Zutaten:
-80gr Roggenvollkornmehl -2 Eier -60gr Schoko Proteinpulver -15gr Backkakao -10gr Backpulver -etwas Süßstoff -Mineralwasser -350gr Magerquark -1Pkg Paradies Creme von Dr. Oetker

Zubereitung:
Der Ofen wird auf 180°C vorgeheizt. Wir schlagen 2 Eier auf und geben sie in eine Schüssel. Dazu kommen Mehl, Proteinpulver, Backkakao und etwas Süßstoff, sowie das Backpulver. Ein kleiner Schuss Mineralwasser verhilft zu geeigneten Konsistenz. Die Teigmasse legen wir dünn auf einem Backblech aus und legen es für 10 Minuten in den Ofen. Den Magerquark, die Paradies Creme und ein Schuss Mineralwasser verrühren. Den Teigboden aus dem Ofen entnehmen, in geeignete Stücke schneiden (evtl. durch in der Mitte halbieren, um dünnere Platten zu erhalten), mit Paradies-Quark bestreichen, Deckel drauf und genießen.

15 min | 930 KALORIEN | 108 PROTEIN | 72 KOHLENH. | 20 FETT

Perfekter Diät Pancake

Zutaten:
-50gr Eiweißpulver -4 Eiklar

Zubereitung:
Beide Zutaten im Shaker schütteln und bei mittlerer Hitze einzelne Pancakes braten.

10 min | 255 KALORIEN | 53 PROTEIN | 4 KOHLENH. | 3 FETT

Nutella Pancake

Zutaten:
-5 Eiklar -80gr Vollkornmehl
-40gr Eiweißpulver -etwas Salz
-150gr Magerquark -1/2TL Backpulver
-1 Banane -20gr Nutella -Schuss Mineralwasser

Zubereitung:
Alle Zutaten in den Mixer, bis auf die Nutella und Banane. Teigmasse in Kleksen in die Pfanne geben. Auf mittlerer Stufe Pancakes braten. Pancakes nach Belieben mit Banane und Nutella dekorieren.

15 min | 828 KALORIEN | 76 PROTEIN | 98 KOHLENH. | 11 FETT

Energie Kugeln

Zutaten:

-70gr Dateln -70gr Haferflocken
-20gr Protein Pulver -Zimt

Zubereitung:

Alle Zutaten in den Mixer, evtl. einige Tropfen vegane Milch dazu geben. Kugeln formen und optional durch Kokosraspeln rollen. Besonders lecker wenn sie 3 Stunden im Kühlschrank verbracht haben.

10 min | 255 KALORIEN | 53 PROTEIN | 4 KOHLENH. | 3 FETT

Süßkartoffel Brownies

Zutaten:

-2 Eier -100gr Haferflocken -250gr gekochte Süßkartoffel -20gr Backkakao -100gr Apfelmus -100ml Mandelmilch -20gr Erdnussbutter -1Pkg Backpulver

Zubereitung:

Alle Zutaten in den Mixer, Teigmasse auf Backblech verteilen und für 40-45 Minuten bei 180°C in den Ofen.

45 min | 1056 KALORIEN | 42 PROTEIN | 138 KOHLENH. | 33 FETT

Desserts 43

Protein French Toast

Zutaten:
-5 Vollkorn Toast, leicht getoastet -1 Ei -3 Eiklar -25gr Protein Pulver -100ml Milch

Zubereitung:
Das Toastbrot sollte leicht getoastet werden, da es sonst in der Pfanne auseinander fallen würde. Wir mixen alle anderen Zutaten miteinander durch und tauchen jedes Toastbrot mit beiden Flächen hinein. Nun legen wir 1 bis 2 Toastbrot (je nach Pfannengröße) in die Pfanne und wenden das French Toast nach kurzer Zeit, bis sie goldig werden. French Toast können super mit Bananen, Karamell, Honig oder etwas Schokolade verziert werden.

10 min | 751 KALORIEN | 55 PROTEIN | 88 KOHLENH. | 17 FETT

Bananen Brot

Zutaten:
-6 Eiklar -250gr Magerquark -2 reife Bananen -100gr Haferflocken -1El Honig oder Süßstoff -25gr Protein Pulver

Zubereitung:
Eiklar zu Eischnee schlagen und vorsichtig unter die restlichen Zutaten rühren. Teigmasse in Kuchenform geben und für 40 Minuten bei 150°C in den Ofen.

10 min | 255 KALORIEN | 53 PROTEIN | 4 KOHLENH. | 3 FETT

Protein Käsekuchen

Zutaten:
-2 Eier -500gr Magerquark -80ml Mineralwasser -37gr Vanillepulver -etwas Süßstoff -Zimt -50gr Grieß

Zubereitung:
Alle Zutaten in den Mixer, Teigmasse in Kuchenform und schließen die Form mit Alufolie. Für 10-15 Minuten bei 180°C in den Ofen, Folie ab und weitere 50 Minuten hinein. Guten Appetit.

60 min | 705 KALORIEN | 79 PROTEIN | 62 KOHLENH. | 14 FETT

LUST AUF MEHR ? ? ?

Mittlerweile solltest du zu den talentierten Köchen gehören, welche schnell, einfach und gesund zu mehr Muskeln gelangen.

Nach 50 perfekten Sportlermahlzeiten, kommen weitere 75 Rezepte auf dich zu!